Durante siglos, niños de todas las culturas se han sentido fascinados por los cuentos de hadas. ¿Por qué estos cuentos populares siguen teniendo tanto interés?

La presencia de las hadas en estos cuentos no es tan importante como el hecho de que la acción tiene lugar en mundos alejados de la vida diaria de un niño. El cuento empieza con «Érase una vez», permitiendo a los niños introducirse en él sin sentirse amenazados.

Los cuentos de hadas describen conflictos que se hacen eco de problemas universales con los que todos los niños se enfrentan. Aunque la historia contenga sentimientos ambivalentes como la rivalidad, la muerte o el miedo al futuro, el final, que normalmente es feliz, ofrece una solución sin recurrir a la moralidad de la fábula.

El elemento más importante de un cuento de hadas es la magia, y la característica central es el lenguaje mágico. Así, los niños pueden conocer el poder creativo de las palabras, lo cual les ayudará a jugar, explorar el mundo y aliviar tensiones. A través de la magia del lenguaje, una bestia repugnante puede transformarse en un apuesto joven, un hombre puede quedarse siglos prisionero en una lámpara o tres cerditos pueden representar sentimientos que resultan familiares a un niño. Este uso creativo del lenguaje no solo hace que la historia sea más atractiva, sino que también enseña a los niños que las palabras tienen el poder de expresar lo que sienten, algo que a veces es difícil de hacer. No es fácil para los niños pequeños imaginar, por ejemplo, que, en determinados momentos, pueden sentir odio hacia alguien a quien quieren. Esta realidad se vuelve más accesible cuando una cariñosa abuela se convierte en un lobo capaz de devorar a una niña.

Las aventuras surreales de los cuentos de hadas describen verdades reales que los niños pueden experimentar, y ofrecen una forma de enfrentar esas realidades apelando a la imaginación de los niños. Por esto los cuentos de hadas siguen siendo tan actuales hoy como siempre lo fueron.

Martin Pigeon, psicoanalista

—Caillou, Rosie, es hora de ir a la cama —anunció mamá—. Vamos. Poneos los pijamas y cepillaos los dientes. Después, os leo un cuento.

Caillou y Rosie no perdieron el tiempo. Les encantaba acurrucarse con mamá a la hora del cuento.

«Érase una vez,
un cerdito que quiso ser juez,

unos monos que querían
tocar,

unos pollitos que salieron
del cascarón

y unos patos que se echaron
a la mar».

«Había una vez una mamá cerda con tres cerditos, y como no tenía suficiente para mantenerlos, los envió a que se buscaran la suerte. El primero que se fue se encontró con un hombre que llevaba un haz de paja, y le dijo:

—Por favor, deme esa paja para construirme una casa.

El hombre le dio la paja, así que el cerdito se construyó una casa con ella.
En ese momento pasó por allí un lobo, llamó a la puerta y dijo:
—Cerdito, cerdito, déjame entrar.

—Nunca jamás te dejaré pasar —respondió el cerdito.
—Entonces soplaré y soplaré y tu casa derribaré
—contestó el lobo.
Así que sopló y sopló, derribó la casa y se comió al cerdito.

El segundo cerdito se encontró con un hombre que llevaba un haz de leña, y le dijo:
—Por favor, deme esa leña para construirme una casa.
El hombre le dio la leña, así que el cerdito se construyó una casa con ella.

Entonces llegó el lobo y dijo:
—Cerdito, cerdito, déjame entrar.

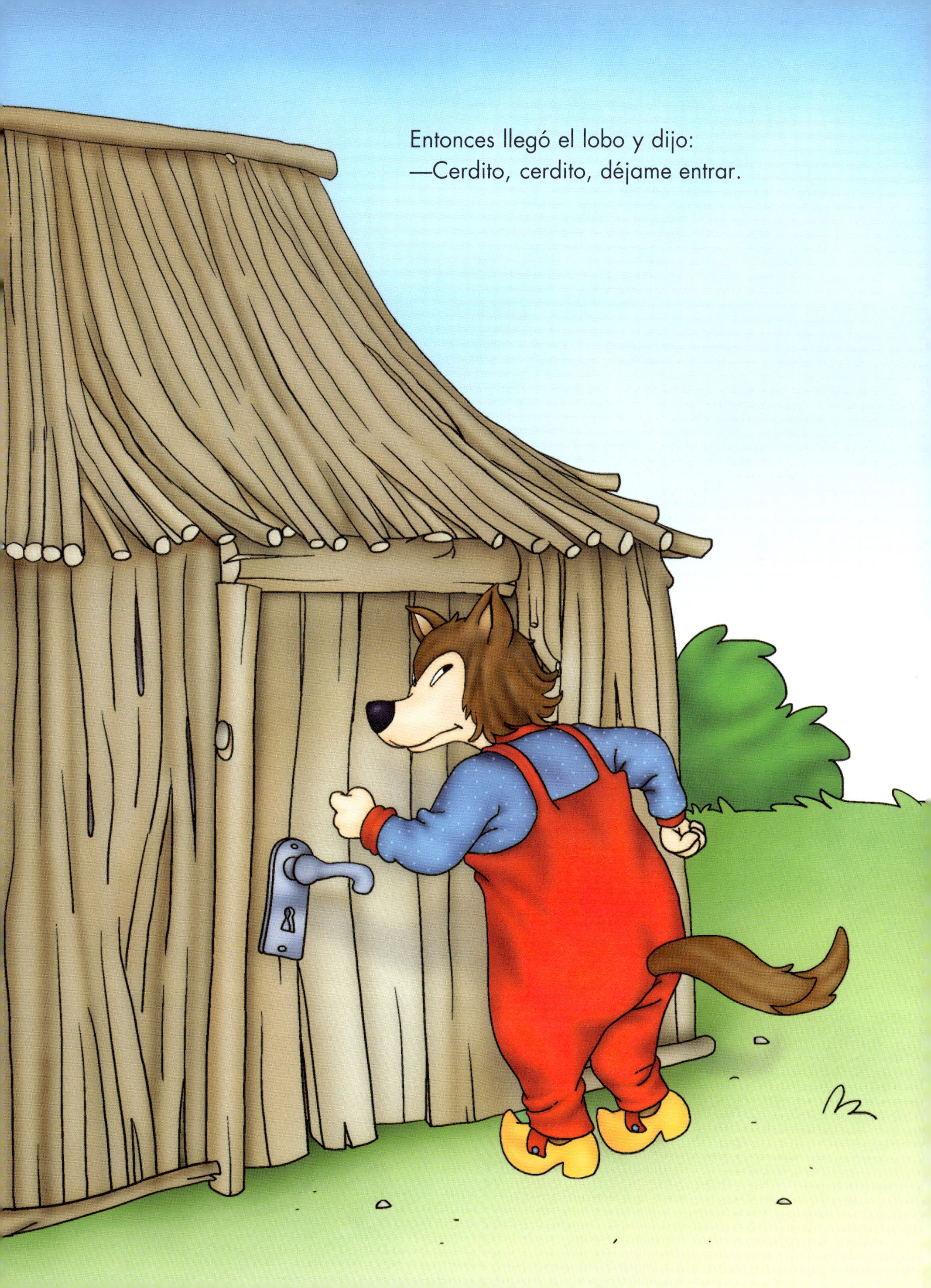

—Nunca jamás te dejaré pasar.
—Entonces soplaré y soplaré y tu casa derribaré.
Y sopló y sopló; después, sopló y sopló un poco más y, al fin, derribó la casa y se comió al cerdito.

El tercer cerdito se encontró con un hombre que cargaba unos ladrillos, y le dijo:
—Por favor, deme esos ladrillos para construirme una casa.
El hombre le dio los ladrillos, así que el cerdito se construyó una casa con ellos.

Entonces llegó el lobo, como hizo con los otros cerditos, y dijo:
—Cerdito, cerdito, déjame entrar.

—Nunca jamás te dejaré pasar.

—Entonces soplaré y soplaré y tu casa derribaré.

El lobo sopló y sopló; después, sopló y sopló un poco más; y sopló y sopló otra vez, pero no pudo derribar la casa.

Cuando el lobo vio que, después de tanto soplar y soplar, no podía derribar la casa, dijo:

—Cerdito, sé dónde hay un campo con unos nabos buenísimos.

—¿Dónde? —preguntó el cerdito.

—En el campo del señor Smith. Mañana por la mañana te llamo y, si estás listo, vamos juntos a coger algunos para la cena.

—Muy bien —dijo el cerdito—. Estaré listo. ¿A qué hora vas a venir?
—A las seis.
Entonces, el cerdito se levantó a las cinco y fue a recoger los nabos antes de que llegara el lobo. A eso de las seis apareció este.
—Cerdito, ¿estás listo? —preguntó.

—¿Listo? He ido y he vuelto, y tengo una olla llena de nabos para la cena —respondió el cerdito.
El lobo se enfadó mucho al oír esto, pero pensó que ya se la devolvería al cerdito de otra manera, así que dijo:
—Cerdito, sé dónde hay un manzano muy bueno.

—¿Dónde? —preguntó el cerdito.
—En el Jardín de la Alegría —respondió el lobo—. Y si no me engañas, mañana vendré a buscarte a las cinco e iremos a coger manzanas.
A la mañana siguiente, dándose mucha prisa, el cerdito se levantó a las cuatro y fue a buscar las manzanas, esperando estar de vuelta antes de que viniera el lobo.

Pero como el manzano estaba lejos y el cerdito tenía que subir al árbol para coger las manzanas, tardó un poco más de la cuenta. Y justo cuando estaba a punto de bajar del árbol, vio llegar al lobo y se asustó mucho, como os podéis imaginar.

Cuando llegó el lobo dijo:
—Cerdito, ¿otra vez llegas antes que yo? ¿Están buenas las manzanas?
—Sí, buenísimas —respondió el cerdito—. Te lanzaré una.
Y la lanzó tan lejos que, mientras el lobo iba a recogerla, el cerdito saltó del árbol y corrió a casa.

Al día siguiente vino de nuevo el lobo:
—Cerdito, hay una feria en el pueblo esta tarde. ¿Vas a ir? —preguntó.
—Sí —respondió el cerdito—. Claro que iré. ¿A qué hora vendrás?
—A las tres —dijo el lobo.

Así que el cerdito volvió a salir muy temprano y se fue a la feria. Allí compró un barril para guardar la mantequilla, y cuando volvía a casa con él, vio que venía el lobo. Esta vez no sabía qué hacer.

Entonces se metió en el barril para esconderse y, al hacerlo, el barril empezó a rodar, colina abajo, con el cerdito dentro. Esto asustó tanto al lobo, que corrió a su casa sin ir siquiera a la feria. Fue a la casa del cerdito y le contó cómo se había asustado al ver que una gran cosa redonda venía rodando hacia él.

—Ja, entonces te he asustado yo. Estuve en la feria y compré un barril. Y cuando te vi, me metí en él y rodé colina abajo —dijo el cerdito.

El lobo estaba enfadadísimo y juró que se comería al cerdito, aunque tuviera que bajar por la chimenea para cogerlo. Cuando el cerdito vio lo que tramaba el lobo, colgó la olla llena de agua en la chimenea, encendió el fuego y, justo cuando bajaba el lobo, quitó la tapadera y el lobo cayó dentro. Entonces el cerdito puso de nuevo la tapadera, coció al lobo, se lo comió de cena y vivió feliz para siempre».

Título original: *Caillou – The Three Little Pigs*
Traducción: Amanda Díaz Cobo

Cuento popular
Ilustración: Pierre Brignaud
Coloración: Marcel Depratto
Dirección artística: Monique Dupras

EDITORIAL EVEREST, S. A.
División de Licencias y Libros Singulares
Calle Manuel Tovar, 8
28034 Madrid (España)

ISBN: 978-84-441-6443-4
Depósito legal: LE:45-2012
Printed in Spain – Impreso en España
Editorial Evergráficas, S. L.